BALI,

7 expérienceS alchimiqueS

Isabelle GAUBERT

BALI,

7 expérienceS alchimiqueS

De la Femme... à la Femme Lumière !

Autoédition 2021
Infos et contact sur : www.isabellegaubert.com

Impression à la demande
Dépôt légal : novembre 2021
ISBN livre broché : 978-2-9579316-2-0
ISBN ebook : 978-2-9579316-3-7

Couverture : Nathalie Dento
Mise en page et Co-Autoédition :
Emilie Varrier — VotreSoutienAdministratif.com

« Ainsi tu concevras ce monde éphémère :

une étoile à l'aube,

une bulle dans un fleuve,

un éclair dans un ciel d'été,

une flamme vacillante,

un fantôme et un rêve. »

Le Bouddha, Le Sûtra du Diamant.

Préambule

Imaginez que vous avez un trousseau de 7 clés, et 7 possibilités de portes devant vous. Elles sont toutes reliées à votre cœur, à votre potentiel. Où décidez-vous d'aller ? C'est vous qui choisissez. Et si, vous laissiez le cœur vous guider, par un titre, une image, un thème, votre ressenti, ou… choisir de lire page après page. Il n'y a pas d'erreur possible. C'est comme si chaque porte ouverte donnait accès à un nouvel espace et vous conduisait pas après pas vers plus de PAIX, d'UNITÉ. C'est aussi une invitation à observer comment se fait le choix. La facilité ? Des automatismes ? Une envie de jouer ? Le Hasard ? Autant de possibles qui guident à chaque instant la suite de votre vie.

« *Chaque Être humain est un mystère, y compris pour lui-même.* »

Pourquoi 7 portes ?

Parce qu'il y a 7 jours dans la semaine, parce que les 7 merveilles du monde… Parce que le 7 est un 1 qui a grandi, comme dirait une amie… Parce que c'est mon chemin de vie, parce que je suis en année 7… Parce que ci, parce que ça… Je peux trouver de nombreuses justifications et interprétations. Elles sont à la fois toutes vraies et toutes fausses… et chacune, un éclairage, la traduction de la vision du moment.

Ici, rien de tout cela, c'est juste qu'en prenant le stylo, 7 histoires courtes ont pris trace sur le papier, tout simplement. Et qui sait, peut-être avec un brin de malice de l'univers…

Alors oui, chacun peut y ajouter son interprétation… et c'est un peu ça l'intention de ce livre à tiroirs, un compagnon de voyage qui vous invite à faire confiance à votre intuition, à vous laisser transporter dans le flot de chaque histoire, chaque expérience vécue.

Sommaire

Elle. Qui est « Elle » ?

Elle peut être vous, moi, ou lui, quelle importance ? Ici, ce sera Elle.

Elle vous invite à découvrir son carnet de voyage, parsemé d'expériences vécues, chacune ouvrant un possible espace de guérison intérieure.

C'est aussi un moyen de la rencontrer, de vous rencontrer, de la connaître, et pourquoi pas l'imaginer sans vraiment la voir.

La proposition, ici, est de choisir le thème de votre destination, et de suivre votre propre fil, dessiner votre voyage et le vivre pleinement, en présence aux mots qui s'alignent dans le silence de votre cœur ou en vous lisant l'histoire à voix haute, laissant le son infuser sa vibration dans tout votre Être.

Ce voyage sera le vôtre, et chacun y vivra ce qu'il a à vivre.

« Le corps de l'Homme connaît le balancement des roseaux, la fragilité du cristal de neige, la force du torrent. Il est fait de toutes les racines et de toutes les frondaisons, de la sagesse des pierres, du rire des dauphins, de la grâce des glycines, de la majesté des félins et des cèdres. »

J. Kelen

Corps & Âme

Très tôt, le corps s'est invité dans la danse de sa vie. Dès la naissance, des imperfections, des traumatismes l'ont conduite à voir le corps comme un objet de souffrance : une souffrance sourde, presque indicible. Seule, elle en a mesuré les effets dans sa vie : manque de confiance en soi et une image de soi détériorée.

Au fil des années, elle a appris à mieux connaître ce corps, à l'apprivoiser, jusqu'à en faire son terrain de jeu et d'exploration favori. De sport en sport, de compétition en compétition, la vie s'est écoulée. Les heures d'entraînement se sont succédé, repoussant parfois les limites physiques et psychiques. Durant ces années, elle a expérimenté des qualités de détermination, de courage, et en même temps, a découvert le bien-être par l'action et la richesse du collectif. Parallèlement, elle a commencé aussi à en percevoir les excès. Souffrance et plaisir se sont juxtaposés comme deux réalités que tout opposent. Pas une fois, il ne lui est venu à l'idée que cela pouvait être les deux faces d'une même pièce, ou une complémentarité parfaite.

Il aura fallu l'expérience d'un accident de ski avec ses conséquences pour qu'elle se réveille de la routine installée et qu'enfin, elle touche du doigt d'autres espaces, où la lenteur, l'accord à sa respiration et ses variations seront essentiels. Fini d'être toujours en apnée avec la vie dans une course effrénée, elle expérimente qu'il existe d'autres chemins plus doux, plus respectueux du corps. Elle vit des transformations telle une fleur qui s'épanouit. À l'intérieur d'elle, elle sent que cet accident n'est pas dû au hasard, qu'il est venu tirer le signal d'alarme sur une situation… et peu importe laquelle. Pour la première fois, elle ne voit plus le corps comme un objet, un outil utile. Il devient un ami bienveillant qui veille sur elle. Elle le voit, le vit comme un messager, porteur d'informations. Elle découvre ainsi un chemin emprunté par l'inconscient pour mettre en lumière ce qu'elle ne veut pas voir.

Suite à cette ouverture, d'autres pratiques physiques émergent dans son paysage, plus douces, plus en harmonie avec le souffle de vie. Avec la respiration, elle va découvrir la loi universelle d'alternance et l'onde vivifiante qui parcourt le corps. Comme dans un jeu de découverte, elle apprend à connaître la subtilité des moindres variations, crispations, expansions... Elle entre de plus en plus en résonance avec le subtil de ce corps, et de ce qui l'entoure, et lui découvre des potentialités insoupçonnées. Elle voit son attention plus centrée, et se voit comme un I, un axe, un pont entre la terre et le ciel. Cette reliance précieuse va s'installer quotidiennement jusqu'à une rupture familiale.

Là, entre une vie professionnelle et une vie familiale à cent à l'heure, elle va s'oublier, et oublier son corps à nouveau. En quelques mois, le travail de plusieurs années va se dissoudre ; une nouvelle fois le corps est repoussé loin de ses préoccupations.

Heureusement, l'âme veille et, sentant le corps délaissé, elle va créer des événements, des arrêts sur image, des stops comme de grands cris... Ces parenthèses de repos forcé vont l'aider à ressentir, voir ce qui n'est pas harmonieux dans sa vie, les endroits où la lutte prédomine et où il persiste encore des résistances. Ces moments de suspension dans le temps vont mettre en lumière les nombreuses stratégies que le mental utilise.

Sans relâche, avec douceur et patience, elle va à nouveau tisser et reconstruire un lien d'amour avec ce corps, jusqu'à installer l'évidence, celle qui la pousse à l'écouter, l'entendre voire même à suivre l'impulsion.

Avec ce changement de posture intérieur, tout un flot d'énergie retenue va s'engouffrer et remettre de la vie dans les moindres recoins de son Être. C'est dans cet état d'esprit qu'elle arrive à Bali.

« *Je respire, le monde autour de moi respire. Je n'entends plus ma respiration, j'écoute celle du monde, c'est la même.* » Taisen Deshimaru

Et c'est à Bali, qu'elle va vivre l'expérience, l'aventure de la Présence et du « juste » Équilibre à chaque moment. Elle va réapprendre à respirer ses actes, respirer sa vie et prendre le temps pour chaque chose sans attente, sans besoin de résultat.

C'est à Bali qu'elle va se réconcilier avec son corps, sa féminité, en accueillant le rythme du temps qui passe, en privilégiant une alimentation « green », en s'occupant de son corps de femme, en lien avec une nature d'une rare beauté, invitant tout son Être à vivre la résonnance et se laisser porter par la vie et ce qui se présente. Grâce à la culture balinaise, ses femmes, ses hommes, elle découvre comment chaque chose, chaque geste, chaque acte est rempli d'une beauté simple et naturelle, comme une évidence, un enchantement où la magie opère. Chaque jour de son séjour, elle vit la mise en valeur et la célébration de la féminité. L'harmonie, la beauté, le subtil, le raffinement et la délicatesse semblent partout.

L'univers conspire pour l'accompagner à révéler la beauté de son Être, la beauté de son Âme. Un à un, elle laisse tomber les masques de ses différents personnages avec leur résonnance émotionnelle. Et, jour après jour, elle découvre avec curiosité la femme qui est en elle, l'accueille, lui offre la place d'émerger. Telle une fleur de lotus, elle se révèle à elle-même, elle se révèle au monde, et laisse entrevoir l'essence divine du cœur de son âme, celle de la Déesse. Rien à faire. Rien à dire. Juste VIVRE.

Harmonie ! Mille pétales, une fleur…

Mille pétales…

Beaucoup de travail et de prises de consciences successives pour mettre de l'ordre en soi, pour trouver le véritable moteur qui nous anime et nous permet enfin d'œuvrer avec cohérence et enchantement dans notre vie !

Une fleur…

La convergence des chemins qui enfin se rejoignent et n'en forment qu'un, la direction qui s'affirme, le sens du voyage qui prend corps, la cohérence qui donne la force et la certitude d'aller au bout !

Une fleur…

Ne serait-ce pas aussi la grâce ? La grâce de la larme qui fait vibrer l'âme, étinceler le regard et rayonner le cœur, l'ouvrant en mille pétales éclatants de chaleur ! La grâce qui donne des ailes et fait de celui qui la reçoit un guerrier au cœur/courage ! »

Jacob M.

« La plus belle chose qui puisse arriver à un être humain, c'est de découvrir ce feu sacré, le feu de son Âme, et de faire en sorte que sa vie entière soit l'expression de ce feu intérieur. »

Annie Marquier

L'Appel de l'Âme

L'Appel de l'Âme, c'est quelque chose qu'elle connaît, qu'elle a déjà vécu. C'est, comme un flot d'énergie accompagnant une impulsion qu'elle ne peut canaliser… Plus rien n'est contrôlable, elle se laisse porter par le flux sans savoir où cela va la mener. Elle sent jaillir du plus profond d'elle une puissance, une force intérieure qui prend toute la place. Les mots deviennent alors faciles. Ils n'essayent pas de convaincre, ils sont. Ils résonnent. Ils sont une vibration de cœur qui accueillent, qui touchent et font tomber les identifications à toutes les barrières qui s'étaient dressées instantanément. Ils émettent à la fréquence de l'âme et sont dépouillés de coloration personnelle. Ils vibrent et au fur et à mesure qu'ils sortent, ils créent un champ alchimique qui transforme tout. Aucune volonté, aucun but, aucun désir… Ils sont posés sur cette fréquence où tout résonne à l'unisson avec harmonie.

Aujourd'hui, pour elle, c'est comme un jeu : trouver la note, la vibration du cœur qui ne se laisse pas chahuter par les événements, les mots émis, les visions, les messages, les ressentis, sans les fuir, ni les combattre.

Cet appel de l'Âme, elle le vit comme une pulsation de vie en lien avec l'essence de toute chose, qui dans la verticalité alignée crée un champ magnétique expansif, un vortex, et l'invite à se laisser porter par la vague avec évidence. C'est une respiration illimitée à la fois aspirante et inspirante. Fini de jouer au tournicoti-tournicota, où les points d'interrogations remplissent la tête de multiples pensées, et créent des nœuds, des barrages, des points de crispation émotionnels ou corporels. Avec cette impulsion, élan de vie, tout est fluide, tout devient alors une suite d'évidences. C'est une évidence qui ne laisse pas de place au doute, aux tergiversations des pensées, du corps, des émotions. À ce moment-là, seul compte le pas posé. Pas d'autre intention que ce pas. C'est cette impulsion qui la pousse à se mettre en marche dans une totale présence à l'instant sans connaître le but et la destination du voyage.

Plusieurs moments de sa vie ont été ponctués par ces appels, cette impulsion, et elle se souvient de l'émergence d'une détermination douce sans faille où, sans forcer, les barrières liées aux croyances, aux peurs… tombent une à une, dégageant la route devant elle. Elle a pu observer combien, lorsqu'elle est sur cette fréquence d'amour, tout est simple, les pas s'enchaînent les uns après les autres.

Parfois, cet appel de l'âme s'invite avec une petite phrase : « *C'est quoi ce bordel ?* » traduisant l'incompréhension, le paradoxe entre différentes sources d'informations qui semblent contradictoires entre la tête, le corps, le cœur, les émotions... comme autant de routes possibles. Véritable cri du cœur, elle surprend, au moment même où l'exclamation apparaît, un petit sourire malicieux sur son visage. Elle le sent, elle le voit. Elle sent à travers cette simple phrase qui n'attend pas vraiment de réponse pointer la malice et le comique de la situation. C'est comme si elle se voyait prise à son propre piège, ses propres contradictions. Cette exclamation, en émergeant, l'invite à lâcher tout repère, à écouter la voix de l'instant, celle qui jaillit du cœur, qui fait fi de tout calcul.

« *C'est quoi ce bordel ?* » suivi de ce sourire, elle connaît, elle a déjà vécu plusieurs fois et notamment la première fois où elle s'est rendue à Bali. Alors que tout l'incitait à ne pas entreprendre ce voyage : plus de congés, des finances en bernes, des enseignements exclusivement en anglais (elle ne parlait pas anglais), la période peu propice avec son travail... et devant l'insistance du mot BALI qui apparaissait partout, elle se décide un matin à amener la question suivante dans le champ akashique[1] : « *Dois-je partir à Bali ?* ». Après un temps de silence, elle a reçu trois phrases qu'elle n'est pas prête d'oublier : « *Ne fais rien. Tiens-toi prête. Tout est possible !* ». Elle s'entend dire pour la première fois : « *C'est quoi ce bordel ?* ». Elle sent la colère monter en elle, et s'en prend même à ces guides... « *Si c'est pour me dire ça, vaut mieux ne rien dire !* »

Une heure après, un événement inattendu va lui ouvrir tout grand la route et les portes de Bali. Cette petite phrase « *C'est quoi ce bordel ?* » va devenir comme un sésame, une clé qui ouvre la caverne d'Ali Baba, la porte des mystères... un véritable mot de passe *où tout devient possible.* C'est le signal pour elle, à la fois d'un lâcher prise et de

---

[1] Champ Akashique – Akasha : Dans l'esprit de Laszlo, « le champ Akashique est un champ cosmique d'interconnexion, de transfert et de conservation de l'information et de l'énergie. »

l'acceptation d'une énergie, d'une force intérieure, d'un appel de l'âme, du cœur qui la pousse à avancer sans hésitation.

L'Appel de l'Âme, elle le vit comme une fréquence vibratoire multidimensionnelle qui est présente dans tout son être et qui la pousse à se laisser porter par le flux de vie. Au début, ces moments étaient très ponctuels, comme pour la réveiller et la sortir de son inertie, de ses habitudes, automatismes et peu à peu les limites se fondent, n'existant quasiment plus. De plus en plus d'actions, de paroles, de pensées désormais vibrent sur cette fréquence, sur cette note : la VIE.

Quand pour diverses raisons, la fréquence se brouille ou émet des parasites, elle l'observe, parfois le ressent dans son corps, l'accueille et dans un retour et une respiration de présence, d'attention, se remet au diapason VIE comme par magie. La Magie, n'est-ce pas l'Âme qui agit ? Parfois cela peut prendre plusieurs minutes, heures, jours, parfois c'est instantané.

Avec l'expérience, elle expérimente que ce choix est possible à chaque instant.

« La vie est une danse d'ombre et de lumière, accueille les deux sans différence. »

Isabelle Gaubert

La Grotte des Peurs

Tout a démarré par une longue descente : des marches très hautes, une forêt très présente, enveloppante où les yeux ne voient plus qu'un seul chemin possible, descendre, et encore descendre. Au loin, elle perçoit le bruit des vagues qui claquent, et se rappellent à elle à chaque pas.

Puis, tout à coup, au détour d'un virage, la forêt s'ouvre telle une fenêtre dont on aurait poussé les volets. La blancheur du sable se dévoile, contraste avec le bleu vif du ciel, le turquoise de l'océan. Elle s'exclame : « *Waouh !* ». Ses yeux s'écarquillent, remplis de joie, de lumière et de gratitude. Ils pétillent. Ils pétillent la vie ! La beauté de ce qu'elle voit est à couper le souffle. Elle a le sentiment que ses pieds ne sont plus en contact avec la terre, qu'elle est dans un rêve.

Encore quelques mètres, les marches sont grandes et la descente semble interminable. Enfin, elle pose ses pieds nus sur le sable blanc et la sensation d'une infinie douceur l'envahit. Avec le vent, elle se sent légère, insouciante. Elle virevolte, saute, danse. Arrivée sur la plage, une femme s'approche et lui remet un magnifique petit cœur blanc poli par les flots. Une pierre, ramassée quelques minutes auparavant comme pour qu'elle se souvienne que ce n'est pas un rêve.

Elle avance sur cette petite plage comme une enfant qui sent sous ses pieds la pulsation de vie de la terre. Et là, dans un coin retiré, en arrière-plan, elle voit la grotte. Elle est là, à la fois ouverte et fermée, un entrebâillement dans la roche, une cavité telle une blessure béante… L'eau monte, les rouleaux des vagues claquent de plus en plus fort comme pour réactiver, réveiller les peurs à l'intérieur de son être. Elle, la nageuse, se souvient, les images affluent, se bousculent, se superposent… Dans une suffocation, tout refait surface et l'engloutit à nouveau dans la profondeur… C'est incontrôlable, les images s'entrechoquent. Chaque bruit des vagues amène son lot de mémoire, de souvenirs de noyades. Finie la douceur du sable sous les pieds, l'affolement intérieur a pris la place. Elle ne dit rien. Elle observe. Elle frémit. Elle a peur. Peur de mourir. Peur d'être une nouvelle fois engloutie. C'est alors que ses mains se posent sur le sable, et dans un mouvement de va-etvient incontrôlé et à la fois d'une grande régularité, elle pose une empreinte graphique. Elle inspire, elle expire au rythme des vagues. Elle oublie ce qu'elle voit. Elle se fond, elle est totalement en osmose avec le ressac, le geste, la respiration, la peur. Elle ne fait plus qu'UN avec tout. Plus rien n'existe, la peur se dissout en d'infimes particules à peine perceptibles.

Cela semble si simple que le mental revient à la charge, les images tentent de se reconstruire, de se superposer à la respiration. Tel un navigateur qui garde le cap en pleine tempête, elle ferme les yeux et revient à l'intérieur dans l'inspir, dans l'expir et dans ce temps suspendu entre les deux.

Le souffle de la vie est là, lui rappelant qu'elle est Source de Vie.

« Les anciens savent que le cœur de l'homme éloigné de la nature devient dur et que l'oubli du respect dû à ce qui pousse et à ce qui vit amène également à ne plus respecter l'homme. »

Lakota Oglada

La Nature, le miroir de l'Âme

Ce matin-là, à l'intérieur d'elle, une paix immense fait jour. Elle se réveille, en même temps que le lever du soleil. Ce dernier inonde de son rayonnement tout son corps posé sur le lit, comme pour célébrer la vie. Après un temps de pause intérieure, elle s'active. Revêtue de son sarong, sa ceinture et d'un tee-shirt blanc, elle est prête et avance en direction du parking où elle rejoint le groupe : direction, le temple de Besakih au pied du mont Agung.

Quelques jours auparavant, alors qu'elle était en voiture, elle a brusquement ressenti une étrange sensation au niveau du cœur. L'onde vibratoire émise dépassait largement son corps physique, comme si celui-ci devenait trop étroit, trop étriqué. Troublée, elle a levé les yeux, observé autour d'elle, cherchant du regard ce qui aurait pu provoquer cet état : une personne, un lieu, un monument... Quand tout à coup, elle l'a vu, imposant, majestueux. Sans savoir qui il était, elle a pointé son index en direction de la montagne en forme de volcan qu'elle apercevait au loin et a demandé : « *C'est qui là ?* ». Elle n'était pas étonnée par la question « *C'est qui ?* », elle sentait bien que ce n'était pas qu'une simple montagne. Elle ressentait une force, une puissance et un lien très fort qu'elle ne pouvait expliquer. Encore troublée intérieurement, elle partagea au groupe présent dans la voiture ce qu'elle vivait, ce qu'elle ressentait. Pendant qu'elle parlait, toutes les paroles émises furent enveloppées d'une fréquence d'amour et remplirent tout l'espace avec une résonnance multidimensionnelle. À ce moment précis, elle sut que la rencontre était inévitable.

« *C'est le mont Agung* » posa l'accompagnateur local avec un brin de malice dans les yeux, ayant vu son trouble. Ce trouble, cette expansion, c'était le signal de la prochaine étape du voyage… Elle l'avait compris immédiatement, c'était le pas suivant. Depuis quelques mois, un changement s'opérait en elle. Fini de se plonger dans les livres pour savoir, pour comprendre. Désormais, elle souhaitait privilégier ce qui est, ce qui s'invite, et vivre les expériences de vie présentes sur son chemin. Elle avait foi en la vie.

Depuis le début de son séjour, tout s'est déroulé en fonction de ses ressentis, des informations reçues et en accord avec le calendrier balinais : une belle alchimie de transformation. Comme pour lui faire toucher du doigt cette invitation à se laisser porter par le flot de la vie et d'aller là où son cœur la porte sans commentaire, juste dans une suite d'évidences.

Ce matin-là, c'est avec tout le groupe qu'elle se dirige vers ce lieu. Sur la route, de nombreuses voitures les rejoignent au fur et à mesure. L'excitation est palpable et remplit l'espace. La joie aussi s'invite sur tous les visages. Le guide accompagnateur joueur arbore le même sourire malicieux qu'elle avait entraperçu quelques jours auparavant. L'enthousiasme s'empare de tous, et avec délectation, elle se laisse aller dans cette ambiance de fête jusqu'à l'arrivée au parking.

Après s'être garés et avoir pris le temps de la rencontre, chacun s'affaire emportant le nécessaire pour la cérémonie : les offrandes et le repas. C'est le cœur léger et l'esprit amusé que tout ce petit monde prend l'escalier qui s'enfonce dans la forêt. Les yeux pétillent de curiosité et d'émerveillement, se demandant quelle aventure allait encore s'inviter. Il est vrai que depuis le début du séjour sur cette île, l'imprévu était présent chaque jour et avec lui son lot de belles guérisons pour chacune.

Elle commence la descente. Elle se sent légère et en harmonie avec ce qu'elle voit autour d'elle. Les pas s'enchaînent avec grâce et volupté. Par moment, elle a le sentiment que ses pieds sont suspendus dans l'air. Les marches sont d'une hauteur irrégulière comme pour la maintenir dans un espace de présence. Et, elle rit. Elle rit de se voir en tong, en sarong, sur cet escalier au cœur de la forêt. Oubliée l'européenne avec ses « personnages », ses conditionnements, elle goûte un sentiment de liberté illimitée de se sentir vivante. Son « *moi* » disparaît. À sa place se manifeste un moment de vie simple, où le « *je* » n'arrive plus à s'arrimer. Sa démarche est remplie d'une féminité retrouvée. Elle incarne une vraie déesse sortie d'un autre monde. Elle se sent à sa place. Et, lorsqu'elle entraperçoit le temple à ciel ouvert, ses yeux sont remplis de lumière et de joie.

De nombreuses personnes sont déjà présentes sur les lieux. Le prêtre est en pleine cérémonie. Tour à tour chacun s'avance, prend place. Plus elle se rapproche de l'autel, plus son cœur bat la chamade et s'expanse dans un état vibratoire de résonnance et d'ouverture. Sa perception est démultipliée. Au loin, elle voit le prêtre qui s'active avec des gestes à la fois précis et emplis d'une infinie douceur.

Après un premier temps de rituel, c'est avec surprise qu'elle est invitée à poursuivre son chemin encore plus loin dans la jungle. Elle se met en route. Son cerveau s'est vidé des mots, des pensées. Il lui semble avoir été nettoyé par l'eau reçue lors de la cérémonie précédente. Chaque pas est nouveau, vécu en totale présence. Un espace infini de paix, d'amour et de bienveillance s'ouvre à l'intérieur d'elle. Puis les contours s'estompent, plus d'intérieur, d'extérieur, elle est la nature environnante et la nature est elle. Au cœur de son cœur, l'infiniment petit rejoint l'infiniment grand et la beauté infinie du paysage révèle sa beauté.

Alors qu'elle poursuit son chemin, un deuxième temple en plein air apparaît. Elle s'assoit à même le sol, une nouvelle cérémonie commence, différente de la première. Dès la fin, elle est une nouvelle fois invitée à poursuivre sa route encore un peu plus loin dans la forêt. Au cœur de cette nature luxuriante, elle se sent chez elle, toutes ses cellules sont remplies de joie et sont illuminées par un puissant soleil intérieur. À chaque pas, elle nourrit le lien qui l'unit à Gaïa, la Terre Mère, au ciel. Elle se sent comme un pont de reliance. Tout se réunit dans le cœur de son être. Elle avance avec grâce comme si elle était bénie des Dieux et elle mesure que, oui, elle est bénie des Dieux. Elle ressent une infinie gratitude envers ce lieu, cette nature, ces hommes, ces femmes, ces enfants qui l'entourent. Elle mesure qu'ils sont tous une facette du diamant de son âme, tous unis dans ce minuscule espace au cœur de son cœur.

Ce troisième temple à ciel ouvert est indescriptible, tellement il se dégage de sensations diverses qu'elle aurait eu tendance à opposer : douceur, force, puissance, délicatesse, pureté, beauté, ouverture, inquiétude… Ici, ces sensations se rassemblent, comme pour l'inviter à s'unir avec toute chose. Ce moment d'union devient l'expression amplifiée de la vie qui la traverse où tout s'unit, tout se mêle, tout circule, rien à faire, rien à dire. TOUT est là !

La voilà dans une joie enfantine sur le retour où elle danse… chante… Et, marchant sur de la sciure fraîchement coupée, la ramasse à pleine main et l'envoie sur ceux qui la suivent dans une magnifique arabesque comme pour célébrer ce moment et la joie de l'enfant retrouvée.

« Mes mots ne font qu'un,

avec les imposantes montagnes,

avec les imposants rochers,

avec les grands arbres.

Tout cela ne fait qu'un avec mon corps

Et avec mon cœur. »

Prière des indiens Yokuts.

« Connais-toi toi-même ! »

Delphes

Elle et Elles. Elle est Elles.

Et si la connaissance de soi passait par la rencontre de l'autre, des autres pour mieux se rencontrer soi-même ?

Elle se retrouve avec Elles : huit femmes. Chacune a fait le choix individuel de se rendre à ce rendez-vous collectif à l'autre bout de la planète. Comme seul programme, cette intention posée « *De la Femme… à la Femme Lumière !* ». Intention à la fois claire sur le public et mystérieuse sur ce qu'il y a derrière la Femme Lumière. Chacune aura le loisir de l'interpréter et de l'expérimenter. Ce temps commun de l'autre côté de la planète est une continuité d'un cheminement individuel et collectif initié quelque mois auparavant.

Au départ, elle peut écrire : Elle **et** Elles.

Ce simple « *et* » posé entre les deux, l'invite à voir, à vivre que la résonnance induite par ces deux petites lettres : « E – T » installe une dynamique. Dynamique de séparation entre elle et les autres. « ET », cette simple conjonction de coordination servant à relier deux mots propose plusieurs possibles : l'addition, l'opposition, la comparaison... La posant dans un rôle à part, leader du groupe référent et l'isolant ainsi de l'autre, du collectif.

Au cours de son séjour, l'invitation est de laisser tomber ce « **et** » de séparation et d'expérimenter le « **est** », associé au verbe être. Celui qui l'entraîne à voir les multiples facettes de son personnage grâce à la rencontre de l'autre, des autres. Chacune, devenant l'opportunité de déceler ses automatismes de fonctionnement, ses zones d'ombres, ce qui la dérange, et, couche après couche, l'accueillir voire s'en dépouiller, comme on enlèverait une à une les feuilles d'un artichaut pour n'en laisser apparaître que le cœur tendre. Une invitation à ne plus voir que du point de vue extérieur, à revenir à l'intérieur, au cœur de son cœur. La proposition d'inverser quelque temps le sablier entre la tête et le cœur, d'oublier tout ce que l'on se raconte sur *« le pauvre de moi »* et visiter où cela résonne en moi dans le corps, les émotions. Arrêter de se raconter, vivre.

Elle est Elles. C'est tellement inscrit dans son ADN, que l'univers va se charger de cet équilibre de façon très subtile pour la traduction, pour l'hébergement... et bien d'autres petits clins d'œil seront présents tout au long du séjour. Elle apprend à accueillir ce qui s'invite, à visiter ses propres inconforts, à cheminer avec, en leur laissant toute la place dont ils ont besoin. Elle se voit, s'observe. Observatrice et en même temps témoin, elle voit, au-delà des mots, les flux d'énergie, les interactions entre elle et chaque membre du groupe. Sa vigilance quotidienne, c'est de conserver à chaque instant cet espace de clarté, de lucidité « neutre », où aucune étiquette, catégorisation ne vient créer d'interférence, un arrimage dans lequel son mental plonge pour la plus grande satisfaction de son, ses personnages.

De cet espace, elle perçoit le point de départ, le point d'origine de la parole ainsi que la vibration fréquentielle émise… Autant d'indices conduisant à observer ce qui se joue sans juger. Oui, un véritable jeu entre elle et Elle, entre Elle et elles. Parfois, elle va se laisser emporter dans un élan réactionnel. Elle se souvient. Lors d'un temps de pause cercle, une personne va lui demander de faire quelque chose et sa première réaction est de s'exécuter. Au moment même, où elle s'apprête à se lever, en enlevant son sac en bandoulière, elle entend un «*NON*» retentir à l'intérieur d'elle. La puissance de ce *non* la surprend. Elle suspend son action, prend le temps de revenir à l'intérieur en s'accordant à sa respiration et dans ce temps entre inspiration et expiration, elle revoit la scène : les différentes paroles émises, leurs fréquences vibratoires… Elle se voit réagir. Et en revenant dans son centre, la réponse tombe : elle n'a rien à faire. Elle n'a qu'à accueillir ce qui vient d'être dit.

Avec ce double mouvement, elle expérimente qu'il n'y a pas de règle : tout est une histoire de moment, de personnes, de fréquence vibratoire. Elle a une infinie gratitude pour cette expérience, qui lui a permis d'observer la dualité en elle. Une partie d'elle qui dit « *OUI* » et se lève, obéit par automatisme, et l'autre qui dit « *NON* » et reste assise. Ici, une invitation à ne pas juger ce qui vient d'être dit ou fait par les uns, les autres y compris soi-même, à observer ses réactions émotionnelles, à ouvrir son cœur à ce qui est, voir avec distinction et clarté puis choisir la réponse appropriée au moment : oui ou non.

Il n'y a pas une bonne ou mauvaise réponse, il y a juste celle qu'elle a choisi de poser en accord avec son âme (son être profond) et non avec son personnage blessé ou derrière l'étiquette de « leader » du groupe. Elle voit que ce moment de pause intérieure avant la décision va lui ouvrir un nouvel espace où elle passe à l'arrière-plan et observe ce qui se joue pour elle. Et quand elle annonce qu'elle reste assisse, sa voix est claire, elle est en paix et peu importe ce que pensent les autres. Elle a suivi le choix de l'âme.

Combien de fois, au cours de son séjour, a-t-elle vécu ce que son mental pourrait nommer « jugements, culpabilité » ? Combien de fois a-t-elle expérimenté que depuis l'espace du cœur tous ces mots ne résonnaient plus ? Ils étaient dénués de sens, de force, ils se désagrégeaient.

Aussi, elle s'interroge : « *Qui est l'Autre ? Quelqu'un de différent, séparé d'elle ? Un miroir qui l'invite à s'accueillir pleinement* ? »

Et elle mesure qu'Elle **est** Elles.

Chaque fois, inlassablement, cette petite voix du cœur lui rappelle que ces huit femmes sont en résonnance avec elle. Elles sont comme un miroir géant qui fait le tour de son être à 360° et qui l'atteint de toute part sur tous les plans. L'opportunité de se relier à ses parties blessées, d'accueillir voire d'accepter qui elle est.

Le Jeu des miroirs s'invite à tout moment sous différentes formes. Que choisissez-vous, là, avec l'Autre en face de vous ? Vous ne savez pas à l'avance, tant mieux… Offrez-vous ce temps suspendu de respiration en présence, et… laissez arriver la réponse. À quel choix m'invite mon cœur à ce moment précis ? La parole, les résonnances, les propositions, les questions voire une présence silencieuse sont autant d'opportunités à déceler tout malaise.

Avec ce séjour, elle expérimente jour après jour, comment c'est d'accueillir l'autre tel qu'il se présente avec ses points forts, ses blessures, ses failles… Grâce à ses « *Sœurs de floraisons d'étoiles* », pas après pas, elle va débusquer, mettre à jour ce qui l'empêche d'être cette enfant légère, curieuse, émerveillée par les idées nouvelles, les liens

insolites, la nature et toujours prête à ouvrir des portes et à vivre l'aventure de la vie.
Elles l'invitent à se mettre en marche depuis cet espace de cœur sans anticipation et en harmonie avec ce que lui souffle son âme.

« Les relations sont sûrement le miroir dans lequel on se découvre soi-même. »

Krishnamurti

« La sagesse du lotus qui illumine la vénérée Kuan Yin et tous les maîtres spirituels est la même dans votre cœur… Cela demande un grand courage de reconnaître votre propre lumière intérieure et de monter sur le trône de votre indépendance spirituelle… Vous devez faire confiance à votre intuition personnelle avant celles des autres maintenant. Ayez foi en votre cœur. Comprenez que vous êtes divin. »

Alana Fairchild

La Déesse

Belle et majestueuse, la première fois qu'elle lui est apparue, c'est au cours d'une lecture akashique pour une cliente. Kuan Yin, elle ne la connaissait pas. Elle s'est présentée à elle avec une infinie beauté, chaque geste effectué était empreint de douceur, de féminité et de grâce. Sa voix était harmonieuse, telle une partition qui l'invitait à se laisser porter par cette mélodie dont elle était la note. Elle affirmait être la Mère de la Compassion. Sa surprise avait été totale tant sur la forme que sur le fond.

Quelques mois plus tard, Kuan Yin se représente à elle de manière inattendue. Tout d'abord, lorsqu'elle prépare un partage sur la Femme Bison Blanc. Les deux images se superposent, elles ne forment qu'UNE. Deux femmes, représentations différentes de la Paix et de la Compassion au regard des cultures. Étrange vision qui va se poursuivre par la découverte d'un magnifique jeu de cartes : « *Oracle de Kuan Yin* » dont le graphisme autant que les textes vont tisser des liens de guérison à l'intérieur d'elle, carte après carte.

Comme une évidence, une suite à l'histoire, s'il y en a une, la vie la remet sur sa route par l'intermédiaire d'une belle jeune femme qui, pour la remercier d'un accompagnement, va lui remettre un magnifique pendentif en améthyste gravée à l'effigie de Kuan Yin avec son mantra. Elle n'a jamais rien vu d'aussi beau, d'aussi fin et délicat. Dès qu'elle l'a dans ses mains, elle est enveloppée par la grâce et ressent une montée énergétique. Son cœur s'ouvre. Elle a le sentiment que sa cage thoracique ne peut le contenir. Tout son être se met à vibrer intérieurement. Une joie profonde et un sentiment infini de paix la remplit. Elle vit ce moment pleinement sans trop savoir ce qui se passe et petit à petit, tisse un lien particulier avec ce pendentif et Kuan Yin.

Chaque matin, c'est avec une joie immense et une infinie gratitude qu'elle dépose ce pendentif autour de son cou. Un geste sacré, un temps suspendu offert à soi. C'est devenu une sorte de rituel quotidien avec elle-même : une « reconnexion » à la beauté, la délicatesse, au féminin délaissé depuis si longtemps. Ce présent est d'une telle finesse et d'un tel raffinement qu'il devient le symbole de la féminité.

Les mois passent.

Un matin, alors qu'elle se trouve à Bali, au moment où elle met le précieux collier offert à son cou, la nouvelle tombe «*Je vais te quitter*» lui dit-il. Immédiatement, son cœur se serre et une émotion de profonde tristesse se présente avec un «*non*» intérieur suffisamment fort et puissant pour qu'elle l'entende. Elle sent bien que ce « *non* » est sorti sans y être invité. Elle voit la réaction. Se séparer de cet objet est pour elle impensable. Et pourtant, elle sait, pour l'avoir expérimenté à maintes reprises, que quand une information de ce type tombe, tôt ou tard elle devra s'exécuter et toutes les résistances apparues tomberont une à une. Seulement là, elle ne veut pas y penser, s'active et se prépare à sa journée qui arrive.

Parée dans sa tenue de temple, elle quitte l'hôtel et rejoint le groupe aux voitures. Après un peu plus d'une heure de route, où l'ambiance est légère et détendue, elle arrive dans un village. Elle ne sait pas vraiment ce qui l'attend, si ce n'est qu'elle et le groupe ont rendez-vous avec une femme « un peu spéciale », vénérée par les locaux pour sa dévotion et ses talents de guérisseuse.

Dès la porte de la demeure ouverte, un sentiment de paix la gagne. Elle voit arriver une femme virevoltant avec grâce, délicatesse, elle chante le Gayatri Mantra « *Om bhurbhuvah svh tat saviturvarenyam bargo devasaya dhimadi dhiyo yo nah pracodayat* » avec une infinie douceur tel un ange. Le son émit est semblable à une caresse… Quand elle se déplace, il semble que son parfum envahit l'espace d'effluves fleuris de jasmin et de frangipanier. Sa voix, sa beauté semblent tout droit sorties d'un livre de contes des mille et une nuits. Là, sous ses yeux, se trouve une représentation vivante de Kuan Yin. Elle reste bouche bée. Elle est curieuse et vit ce moment comme un temps précieux d'ouverture et d'accueil d'un espace hors du temps.

Plusieurs moments se succèdent en collectif, en individuel, laissant à chacune le temps d'intégrer de différentes façons les soins proposés.

À la fin de la journée, alors que le groupe est assis pour échanger avec *Elle*. Elle se voit avec beaucoup de délicatesse enlever le précieux collier de son cou. Elle serre fort l'améthyste dans la main et dans un élan du cœur à la fois calme et posé, elle se lève, se pose devant elle et lui remet le pendentif. Au même moment, une voix intérieure lui murmure : « *N'aie pas peur, je suis en toi, je n'ai plus besoin d'être à ton cou* ». Tout est calme, apaisé, pas de tristesse, pas de peur.

Cette expérience la surprend. Jamais, elle n'aurait imaginé, quelques heures auparavant, pouvoir le faire. Elle se souvient de ce « *non* » entendu, et prend ici conscience, par ce vécu, des automatismes de réponses, de réactions, voire de comportements. Pour la première fois, elle voit qu'ils surgissent d'un espace de peur, et qu'ils prennent leur origine dans les pensées, les croyances, les émotions… auxquelles elle s'identifie. Parfois même, ils s'inscrivent et se gravent dans le corps. Toutes ces identifications sont autant d'enfermements, de carapaces, d'écrans limitant à entendre l'appel du cœur.

Elle mesure ici combien cette expérience de vie vécue a ouvert un vaste espace d'amour et de paix infini. Aucun discours, aucune demande, elle s'est juste offert de s'accorder au diapason du cœur.

« Dans la cité fortifiée de l'impérissable,

notre corps, il existe un lotus.

Et dans ce lotus se trouve un minuscule espace :

Que contient-il pour qu'on désire le connaître ? »

Ce minuscule espace dans votre cœur

est aussi vaste que l'espace.

On y trouve le ciel et la terre ;

Le feu et l'air, le soleil et la lune,

La foudre et les constellations,

Tout ce qui vous appartient.

Et tout ce qui ne vous appartient pas ici-bas.

Tout cela est rassemblé

dans ce minuscule espace

contenu dans votre cœur. »

Chandogya Upanishad, 8.1

Reconnexion à la Source : « le Chant de l'Âme »

Une nuit lors d'un songe, elle a entendu un nom susurré à son oreille. La voix était tellement familière et tellement présente qu'elle s'est réveillée, convaincue d'une présence dans la pièce. Rien, il n'y avait rien. Elle se sentait enveloppée d'une chaleur cotonneuse inhabituelle. Elle aurait pu se contenter de vivre cet instant et pourtant, ce temps suspendu ne dura pas. Les questions sont apparues et avec elles, la danse des neurones ponctuée de points d'interrogation ici et là. C'est plus fort qu'elle, elle a besoin de savoir, de comprendre... La quête se poursuit : d'où cela vient-il ? Qui a parlé ? Est-ce un message ? Un écho d'une vie passée ? Instantanément, son cerveau se met en ébullition, faisant jaillir de toute part des questions. Comment s'y retrouver ? Elle a soif de sens. Pas une fois, elle n'a imaginé qu'il pouvait n'y avoir aucun sens.

Préoccupée par son quotidien, elle oublie cet épisode, jusqu'à ce jour à Bali, où dès que l'on parle de « *reconnexion à la source* », ce nom revient en boucle. Il est là, devant ses yeux, écrit comme un mantra sur un moulin à prières. Une voix intérieure lui susurre que ce nom, elle le connaît, ses cellules le connaissent, c'est comme s'il était gravé dans chacun de ses filaments d'ADN.

Quelques heures plus tard, au cours d'un massage, elle va laisser son esprit naviguer et une vision quelque peu troublante va apparaître : elle se voit dans l'eau. Plus précisément, elle voit un ADN géant qui enveloppe son corps, et qui se dresse au milieu d'un plan d'eau. Des mots, des symboles graphiques en lettres d'or et d'argent apparaissent. Ils créent un mouvement autour d'elle, comme d'infimes particules de pluie. Ils sont inscrits dans les petites ondulations, ils l'entourent, s'élèvent, agrandissent le cercle et elle peut y lire : créativité, liberté, pionnier, divertissement… Ces mots semblent danser… Ils semblent l'inviter à entrer dans la danse. Quelques secondes après, c'est tout son être qui vibre et se met en mouvement avec grâce et légèreté au son de son âme.

Les heures qui suivent cette vision semblent étranges. Elle flotte, et à la fois, elle sent bien ses pieds marcher sur la terre. Les mondes se mélangent, ils ne semblent plus aussi définis, comme si les limites s'estompaient sous la gomme d'un dessinateur.

Après une bonne nuit de sommeil, la voilà prête au départ pour la source de Sebatu. Après un peu plus d'une heure de voiture dans laquelle l'ambiance est légère et décontractée, elle descend un long escalier qui serpente au cœur de la forêt luxuriante. Elle est accompagnée d'une autre personne. Elle est présente à chaque pas, comme si celui-ci était à la fois le premier et le dernier. Elle ne fait qu'un avec la nature environnante. Elle se sent à la fois vide et pleine de cet état. Elle ne sait pas ce qui l'attend, la seule chose qui l'invite à avancer, c'est cet appel intérieur. Les échanges sont courts et automatiques, comme si elle n'était déjà plus dans ce corps physique. Elle a reçu quelques informations, juste celles nécessaires pour l'inviter à se mettre en marche vers la source.

Quand elle pénètre dans l'eau avec son personnage, son identité terrestre, ses vêtements collent à sa peau. Chaque geste est empreint d'une féminité gracieuse où la fluidité de l'eau s'incorpore, jusqu'à l'intérieur de son Être. Qu'importe son nom, celui de ses papiers, elle avance, simple et dénuée, dénudée de tout artifice, de toutes ses peaux qui activent l'identité de son personnage. Plus rien n'existe. Ce moment suspendu n'a plus de temporalité, elle poursuit, pas à pas, suit le rythme de son cœur. Il est Elle. Elle est lui. Ils ne font plus qu'un. Après s'être inclinée, elle prend le temps de déposer ses offrandes et sans la moindre hésitation se glisse sous la cascade naturelle d'eau. Elle est l'eau. L'eau est elle, unies dans un même élan, une fusion totale. C'est à ce moment qu'une puissance matricielle incontrôlable prend racine dans son bas ventre et la pousse à émettre un son. Elle se met à chanter, à laisser les syllabes sortir une à une. Tout son être vibre de cette puissance douce qui s'installe, à la fois profonde et joyeuse, remplissant tout l'espace. L'expérience du vide et du plein dans la même alchimie temporelle aussi bien à l'intérieur qu'à l'extérieur. Elle chante ce nom reçu des mois auparavant. Et là, chaque cellule vibre à l'unisson, comme une chorale dans une unité multidimensionnelle, un état de plénitude. Le temps n'existe plus.

La personne qui l'accompagne joue du bol tibétain, là dans l'eau, aux abords de la cascade. Un bol en accord avec le chakra du cœur à la fois puissant et doux. Sa vibration s'harmonise avec le bruit de l'eau, du chant. Alors que l'espace était quasiment désert, les gens affluent, particulièrement des enfants, des jeunes, des bébés accompagnés par leurs parents, ils veulent tous goûter le nectar enchanteur contenu dans le bol. S'ensuit un moment de grâce, de partage, un moment de cœur inattendu, sans un mot.

La nuit suivante, elle se réveille à 4 h 02, et l'envie de dessiner la prend, son crayon court sur le papier pendant qu'elle entend : « *Ce graphisme symbolique est un code, un code source ouvrant à d'autres plans d'informations. C'est une porte d'entrée visuelle qui te connecte immédiatement au chant, champ de ton âme, et à l'espace du cœur.* »

La voix poursuit*: « Le nom reçu est ton nom, celui qui a traversé le temps, il porte la puissance et le souffle de l'Esprit. Il allie l'eau et l'air. Il est une colonne d'Amour et de Lumière non altérée par tous tes petits personnages à travers la nuit des temps. Il amène avec lui le spectre infini d'attributs. Essence divine, il t'ouvre à toutes les réalités, il t'invite à ouvrir plus grand le champ de ton existence et à accéder à l'immensité du GRAND TOUT. Il t'invite à accepter ton ÊTRE MULTIDIMENSIONNEL INTEMPOREL. Chacun peut y accéder en accueillant la VIE dans toutes ses cellules.* »

Moment étrange qui semble hors du temps et à la fois, elle est à Bali, elle se souvient que sur cette île tout peut se produire. A-t-elle rêvée ?

Au petit matin, elle aperçoit sur son carnet resté ouvert le dessin et ses yeux se remplissent d'une joie infinie. Des perles de larmes s'échappent. Elles sont lumineuses et scintillent comme des éclats de diamant. Où est le rêve, la réalité ? Peu importe, tout est là, elle vit. Elle sent son cœur, ses cellules pour la première fois remplies d'une pulsation de vie. Elle savoure chaque instant avec une profonde gratitude. Cet état de présence est inscrit dans tout son être. Il n'y a rien à faire, rien à penser, rien à dire, juste à accueillir ce qui se présente et se laisser porter par la danse de la Vie. Elle est VIE !

Conclusion

Elle a pris une forme humaine de femme dans cette vie. Illusion ou réalité ? Qu'est-ce que la vie ? Elle ne sait pas, elle ne sait plus. Est-ce que cela a une réelle importance ? Pendant des années, les questions ont ponctué sa vie, ont tournoyé dans sa tête et avec elles le besoin de pousser toujours une autre porte en quête de vérité. Comme s'il existait une vérité. Comme si elle ne savait pas et l'autre, lui, savait.

Que cherchait-elle ? Le savait-elle vraiment ? Au fond d'elle, elle souhaitait (re) trouver cet espace de Paix, d'Harmonie, de Joie. Ce sentiment, cette complétude où il ne manque rien, où tout est.

Pendant des années, elle a cherché à l'extérieur d'elle à reconnecter son essence sans s'apercevoir qu'elle ne l'avait jamais quitté, qu'elle était juste enfouie sous un tas d'étiquettes, de personnages, de couches de programmation, comme autant de logiciels superficiels installés sur son disque dur.

Aujourd'hui, elle s'invite et vous invite à vivre la vie comme un jeu, une aventure, à se laisser porter, à expérimenter où se trouvent les résistances, les inconforts, et les traverser… ou pas… Se souvenir qu'à chaque instant je peux CHOISIR d'accueillir et d'AIMER. Tout est là, il n'y a rien à chercher.

Celle qui devient sa vision !

« Sa vision vit à travers moi

Quand le rêve d'éveil vient à la vie.

Sortant de sa chrysalide,

Elle libère son cœur guéri.

Mère des graines du changement,

Toi qui prends soin de leur croissance,

Tu as planté un rêve dans mon cœur

Pour illuminer tout ce que je connais.

Tu m'as enseigné à me débarrasser

De la peur de devenir ce rêve,

En me montrant comment cheminer dans ma vérité

Par la reconquête de l'amour de soi et de ma propre estime.

Voici que je deviens tout ce que je suis.

Ensemble nous allons voler

Et l'esprit de la transformation

Va briller dans l'œil du Condor. »

Jamie Sams – Extrait des *13 Mères Originelles*

Femme Déesse

« Femme Déesse, sans séparation vous pouvez "naviguer" entre les Mondes, vous unissez le spirituel, le matériel dans vos pensées, vos paroles, vos actions... dans une alliance permanente à la présence de ce que vous souffle votre âme. Sans souci des qu'en-dira-t-on, sans peur de vous retrouver mise à l'écart, ou de ne pas être conforme à tel ou tel modèle, vous savez au plus profond de votre cœur que vous êtes reliées à plus grand, dans une danse alchimique cosmique où votre personne n'est qu'un reflet, une illusion et votre âme une infime partie "adénique" de l'univers...

Femme Déesse, vous osez rendre visible votre essence divine, vous êtes paix, amour... Et, tel un phare dans la nuit, vous vivez, pas après pas, sans savoir où demain vous amène. Avancez, reculez, restez immobile... ne deviennent alors que des mots qui vous traversent avec la même qualité de présence et leur signification n'a plus guère d'importance. Grâce à votre présence à ce qui est, vous observez, accueillez, voire alchimisez les inconforts qui se présentent à vous.

Femme Déesse, vos pensées, vos paroles, vos pas deviennent le but ultime de cette danse cosmique de l'âme comme un temps suspendu entre l'inspir et l'expir où tout devient possible pour votre bien le plus élevé et le bien le plus élevé de TOUS. »

Isabelle Gaubert - Texte reçu le 18 septembre 2016

À propos de l'Artiste-Auteure

« Je vous accompagne avec simplicité et authenticité à LIBÉRER et à EXPRIMER pleinement votre splendeur, votre magnificence en étant LIBRE d'ÊTRE. Le monde a besoin de votre singularité ! »

Isabelle Gaubert

Je suis une Âme curieuse, une Exploratrice de l'Humain et de ses potentiels non manifestés. Sous ma forme humaine, j'œuvre avec la Source à l'émergence de l'Être d'un espace de Cœur @ Cœur.

L'Être que je SUIS fait le pari qu'en facilitant la reliance à l'Être, on peut se changer et changer le monde.

Co-créatrice consciente de mon monde et du monde, je facilite à accueillir et voir la vie et ce qui se présente comme un Terrain de Jeu avec Simplicité, Authenticité, Joie, Amour, et un soupçon de Magie !

Certains me définiront comme guide - alchimiste - magicienne - chamane - prêtresse - sourcière - passeuse - auteure... qui sait ?

Je SUIS... tout simplement !

Je tiens à remercier

- ♥ mes guides, d'avoir impulsé en 2015 ce cercle de femmes « *Déesse d'Antan, Déesse d'Aujourd'hui* ! », et de continuer à m'accompagner, m'éclairer chaque jour.
- ♥ chacune de ces femmes avec qui j'ai cheminé durant une année entière : réellement et virtuellement. Nos rencontres deux fois par mois m'ont ouvert de profonds espaces de guérison et conduite à un merveilleux voyage au cœur de moi-même jusqu'à la création de ce séjour à Bali « *De la Femme... à la Femme Lumière* ! ».

Une mention particulière aux huit femmes présentes qui m'ont suivie dans cette aventure. Merci à Anna, Corinne, Danielle, Julie, Laurence, Marie Anne, Séverine, Tania.

Merci aussi à Tina, sans qui ce voyage n'aurait pas germé.

Un GRAND Merci à Évia, notre hôtesse sur place, pour sa guidance éclairée
et à Sédana notre accompagnateur, leurs connaissances respectives
ont donné à ce voyage une saveur initiatique.

Merci à moi-même d'avoir suivi mon intuition et d'avoir osé lancer ce voyage avec cette intention : « *De la Femme... à la Femme Lumière* ! » et de m'offrir de le vivre depuis cet espace de « *je ne sais pas* », tout en faisant confiance à la Vie.

Merci aussi à tous les Êtres, Lieux présents ou rencontrés, votre soutien a été précieux.

**Aujourd'hui, cinq ans après ce voyage, grâce à vous Toutes et Tous,
j'accueille pleinement la Femme Lumière que je suis et ose enfin partager
au monde les graphismes symboliques nommés aujourd'hui Kod-Clés®
qui ont vu le jour la nuit après ma reconnexion à la Source.**

Infinie GRATITUDE !

Chères Lectrices,
Lecteurs, Belles Âmes

Je vous remercie infiniment
d'avoir pris le temps de ce voyage.

Pour poursuivre ce lien que nous avons tissé au fil des pages, je vous propose de déposer un avis sur Amazon, My Google Bussines...
Je serai heureuse de vous lire à mon tour.

C'est par vous, et grâce à vous qu'un livre devient vivant et circule :
c'est par vos partages écrits, verbaux.

Soyez en chaleureusement remercié.

Isabelle

Pour suivre mes actualités, rendez-vous sur mon site ***isabellegaubert.com***
ou encore Facebook, You Tube, Instagram

L'Histoire a une suite…

le graphisme symbolique reçu une nuit à Bali

a ouvert la voie jusqu'à la création

de l'Oracle Kod-Clés 5 ans après.

L'Oracle Kod-Clés

C'est un outil sacré puissant d'Eveil et de Développement Personnel favorisant des prises de consciences et des transformations. Il est composé de 44 Codes Source devenus au fil du temps des Kod-Clés proposés sous forme de cartes.

Ces graphismes symboliques ainsi que les textes liés, sont reçus en pleine présence sans aucune vision ou réflexion préalable. Dans ce qui m'a été transmis, ils sont **un langage, une expression du cœur, à la fois symbolique, vibratoire, secret et sacré** qui s'adresse à vos perceptions subtiles par des canaux souvent inhabituels.

Ils entrent en résonance avec l'Âme de celle ou celui à qui il est montré.

Ces cartes œuvrent à se rencontrer, se découvrir, se voir autrement.

Cet Oracle accompagne celui qui le souhaite

à MANIFESTER sans retenue son plein POTENTIEL !

Du même auteur

Les Fondamentaux du Sport Santé
80 outils pour mieux évaluer et accompagner vos pratiquants

Isabelle GAUBERT- Olivier BERAGUAS - Véronique BAURET - Emmanuel BONNAVENTURE

Juin 2014 -Ed. Amphora

Premiers Pas vers la PRESENCE, l'UNITE
MES 11 CLES PRATIQUES

Isabelle Gaubert

Décembre 2017- Auto-Édition Imprimerie Art & Caractère

L'Oracle Kod-Clés

Isabelle Gaubert

Septembre 2021 - Autoédition - Imprimerie de Bourg

www.ingramcontent.com/pod-product-compliance
Ingram Content Group UK Ltd.
Pitfield, Milton Keynes, MK11 3LW, UK
UKHW021655190726
13853UKWH00001B/281

9 782957 931620